¡Anímate!

Espagnol 5e LV1 et bilangues

Palier 1 - A1 → A1+/A2

Cahier d'activités

De : ....

Classe : .... Année : ....

Isaure Dutheil Menestret
Collège René Barthelemy, Nangis (77)

Stéphanie Gaillardin
Collège Léon Gambetta, Rabastens (81)

Valérie Laluque
Lycée Václav Havel, Bègles (33)

Ana María Palomo Delfa
École Internationale Bilingue, Paris (75)

Raquel Palomo Delfa
Master en philologie hispanique, Madrid

Hatier

Avant-propos

Bienvenue dans ton Cahier d'activités ¡Anímate! 5e

Tu vas l'utiliser seul(e) ou avec ton professeur.

Ce cahier est le prolongement de ton manuel. Grâce à lui, et au CD audio qui accompagne ton manuel, tu vas pouvoir réviser et approfondir ce que tu as fait en cours grâce à des activités ludiques et instructives.

Pour chaque unité, tu trouveras : des **grilles de compréhension** des documents sonores ou des textes étudiés en classe, des **exercices de grammaire**, des **jeux lexicaux** ou **grammaticaux**, des **activités à partir de ton CD**. Tu joueras avec les dialogues de *Tu Cómic* pour les mémoriser et tu pourras tester tes connaissances sur la culture hispanique avec les pages *Planeta Hispánico* et *Rayuela*. Enfin, une **grille d'autoévaluation** te permettra de compléter toi-même les compétences acquises. Ainsi, tu suivras pas à pas tes progrès.

Bonne année scolaire et que cette approche de l'espagnol soit pour toi une belle aventure !

Les auteures

Sommaire

Édition : Dominique Colombani • **Mise en page :** Atelier Causse • **Relecture :** Marie-Claude Dana • **Illustrations :** Juliette Baily ; Mauro Mazzari ; Mathieu de Muizon ; Juliette Laurent *(Tu cómic)* • **Crédits photos** 28-1 ph © Floresco Productions / Age Fotostock - 28-2 ph © Hola Images / Age Fotostock - 28-3 ph © Robert Daly / Getty-Images - 37 ph © Africa-Studio / Fotolia - 44-h ph © Ildi.Food / Alamy / hemis.fr - 44-b ph © Age / Photononstop - 47-g ph © NMPFTSSPL / Age Fotostock - 47-m ph © Ansa / Corbis - 47-d ph © Delius / Leemage - 49 ph© rangizzz - Fotolia - 50-ph © Palacio del Senado, Madrid / PrismaArchivo / Leemage - 54-g © Jorge Rodríguez-Gerada - 54-mg ph © Gonzalo Azumendi / Age Fotostock - 54-md © Clet Abraham - 54-d ph © Lucio Ruiz Pastor / Age Fotostock © 2014 Banco de México Diego Rivera Frida Kahlo Museums Trust, Mexico, D.F. / Adagp, Paris - 62-a ph © Richard Semik / PHB.cz - Fotolia - 62-b ph © Monique Pouzet / Fotolia - 62-c ph © Corbis - 62-d ph © Tuul / hemis.fr • **Iconographe :** Véronique Foz

Malgré nos efforts, il nous a été impossible de joindre certains photographes ou leurs ayants droit, ainsi que des éditeurs ou leurs ayants droit de certains documents, pour solliciter l'autorisation de reproduction, mais nous avons naturellement réservé en notre comptabilité des droits usuels.

manuel p. 12-13

1 Escucha

1. PRIMERA ESCUCHA **Escucha.**

2. SEGUNDA ESCUCHA

1. Busca y subraya los intrusos en cada serie.

a. Domingo – Lunes – Sábado – Zapato – Viernes – Luna

b. Buenos días – Enero – Hola – Adiós – Buenas noches – Agosto

c. Costa Rica – Cuba – Argentina – México – Los Ángeles – Zaragoza

d. Tomate – Churros – Nadal – Leche – Pan – Messi

2. Completa la lista de las series a. y c. con dos palabras.

a. ....

c. ....

2 Lee

1. PRIMERA LECTURA **Lee el cómic p. 13.**

2. SEGUNDA LECTURA **¿Verdadero (V) o falso (F)?**

a. En el cómic, hay cuatro viñetas. ☐ **V** ☐ **F**

b. En el cómic, hay cinco gatos. ☐ **V** ☐ **F**

c. Gaturro y sus amigos responden a seis preguntas. ☐ **V** ☐ **F**

3. TERCERA LECTURA **Señala la respuesta correcta.**

a. El documento es: *un poema.* ☐ *un cómic.* ☐ *un dibujo.* ☐

b. Los personajes: *juegan.* ☐ *duermen.* ☐ *comen.* ☐

c. Gatulongo responde: *con sus amigos.* ☐ *antes que sus amigos.* ☐ *después que sus amigos.* ☐

3 Escribe

Copia los colores del cómic de Gaturro y completa con otros que conoces.

....

....

Lección 1 • ¿DE DÓNDE ERES?

manuel p. 14

1 Prepárate para escuchar

1. Completa con las palabras de la página 14.

Él utiliza una raqueta: es .... Ella va a la piscina: es ....

Representa un país, tiene colores: es ....

La capital del país donde vive es Bogotá: es ....

2. Contesta. Y tú, ¿de dónde eres? ....

2 Escucha

CD ÉLÈVE Piste 03

1. PRIMERA ESCUCHA Escucha y subraya la(s) respuesta(s) correcta(s).

a. Hablan: *dos personas.* ☐ *tres personas.* ☐ *cuatro personas.* ☐

b. Las personas: *se presentan.* ☐ *se describen.* ☐ *dicen adiós.* ☐ *se saludan.* ☐

2. SEGUNDA ESCUCHA Contesta.

a. Subraya los nombres que has oído. Alejandra - Gisela - Mireia - María - Daniel - Raquel

b. Escribe el nombre de dos ciudades que has oído. ....

3. TERCERA ESCUCHA Completa el cuadro siguiente.

Nombre	Apellido	País o ciudad de residencia	Actividad
....	....	....	....
....	....	....	....
....	....	....	....
....	....	....	....

3 Lengua

Completa estos diálogos con los verbos *llamarse* o *ser* conjugados.

- ¿Cómo ....?

- Me .... Mireia.

- ¿ .... campeona de natación?

- Sí. Y vosotros ¿.................... españoles?

¿Cómo.................... la serie de televisión donde actuáis?

4 Dictado

CD ÉLÈVE Piste 35

Escribe las palabras que oyes y clasifícalas.

Días de la semana ....

....

Números ....

....

....

Lección 1 • CAMPEÓN Y CAMPEONA

manuel p. 15

1 Prepárate para hablar

1. Observa el dibujo y completa la ficha.

Chico/chica	Nombre	Nacionalidad	Deporte practicado	Pelo	Ojos	Color de la ropa
....	....	....	....	....	....	....
....	....	....	....	....	....	....

2. Observa el dibujo y rectifica los errores.

a. El tenista tiene los ojos azules. ....

b. La campeona es rubia. ....

c. Los dos deportistas son españoles. ....

d. Sara es cubana. ....

2 Lengua

Escribe en masculino.

a. La nadadora es rápida. Es alta y delgada.

....

b. La tenista es joven y morena.

....

c. La cantante es agradable y sonriente.

....

3 Juego

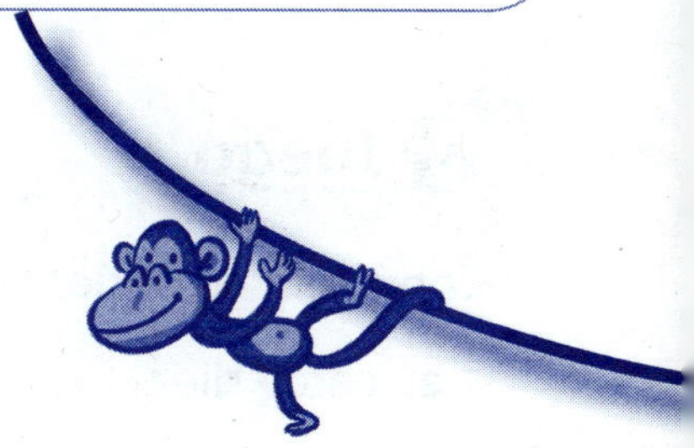

Responde lo más rápido posible.

a. Cita dos países de Hispanoamérica.

b. Cita tres palabras femeninas.

c. Di de qué color es la bandera argentina.

d. Da cuatro palabras que utilizas para describir a alguien.

Lección 2 • LECTURA CIEN POR CIEN

manuel p. 16

1 Lee

1. PRIMERA LECTURA Lee el cómic p. 16.

2. SEGUNDA LECTURA ¿Verdadero (V) o falso (F)? Rectifica si es necesario.

a. La profesora dice: *Para mañana, aprendéis la tabla de multiplicar del uno y del dos.* ☐ V ☐ F

→ ....

b. Al día siguiente, Lola se sabe la tabla. ☐ V ☐ F

→ ....

c. El amigo de Lola no se sabe la tabla. ☐ V ☐ F

→ ....

d. La profesora le pregunta la lección a Lola. ☐ V ☐ F

→ ....

2 Lengua

Transforma las frases en plural.

a. Yo no hablo en clase cuando el profesor explica.

....

b. Lola aprende muy bien la tabla de multiplicar del nueve.

Lola y su compañero ....

c. Tú escribes la fecha en el cuaderno.

....

3 Juego

Completa las series con dos números más.

a. cero - diez - ....

b. cuatro - nueve - ....

....

c. treinta - veintisiete - ....

....

d. cinco - ocho - ....

Lección 2 • ¡CUÁNTAS COSAS!

manuel p. 17

1 Prepárate para escribir

Adivina las palabras siguientes.

a. La usas para calcular: ....

b. En él guardas los bolígrafos, los lápices, la goma…: ....

c. Sirve para hacer líneas rectas: ....

d. Escribes en él: ....

e. Sirve para llevar todo el material: ....

2 Escribe

a. ¿Qué tienes en tu mochila? ....

....

b. ¿Qué tienes en tu estuche? ....

....

3 Lengua

Completa el cuadro.

Singular	Plural
lápiz →	....
....	← cuadernos
libro →	....
tijeras →	....
....	← sacapuntas
....	← bolígrafos
goma →	....
pincel →	....

Unidad 1

Mi cole y mis amigos

Lección 1 • ¿QUÉ HACES EN CLASE?

manuel p. 20

1 Escucha

CD ÉLÈVE Piste 04

1. PRIMERA ESCUCHA Escucha.

2. SEGUNDA ESCUCHA ¿Verdadero (V) o falso (F)? Rectifica si es necesario.

a. Matías y Esperanza son compañeros de clase. ☐ V ☐ F

....

b. Al día siguiente, tienen un examen de Física. ☐ V ☐ F

....

c. Los chicos no quieren estudiar juntos. ☐ V ☐ F

....

3. TERCERA ESCUCHA Subraya las cifras que escuchas.

42 88 24 95 85 89 34 38

4. CUARTA ESCUCHA Verifica tus respuestas.

2 Lengua

1. Separa las formas del verbo *tener*.

TENEMOSTIENENTIENETENCOTENÉISTIENES

2. Completa el cuadro con las personas correspondientes del verbo *hacer* en presente.

....	haces	hace	....	....	hacen

3 Juego

Escribe el número que indica el ábaco en cifras y en letra.

a. 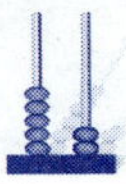 .... **b.** 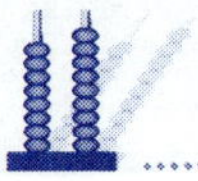 ....

Lección 1 • ¿ESTÁS DELANTE O AL FONDO?

manuel p. 21

1 Prepárate para hablar

a. Sitúa al chico de la camiseta verde.

....

b. Sitúa a la chica de la camiseta rosa.

....

c. Elige a otro(a) alumno(a) de la foto y di dónde está.

....

2 Lengua

Completa las frases con el verbo *estar*.

La clase de Lengua es genial, porque la chica más guapa del colegio, Lucía, ... delante de mí, y yo .... en la segunda fila cerca de la puerta. Mis amigos Luis y Albert me dicen que tengo suerte porque ellos .... al fondo y además, lejos de mi fila y de Lucía. Todos queremos .... cerca de ella, pero, soy yo el que gano.

3 Juego

Elige *(choisis)* **tres objetos de la habitación e indica dónde están pero sin nombrarlos. Tu compañero(a) adivina de qué objeto se trata.**

a. ....

....

....

b. ....

....

....

c. ....

....

....

la lámpara *(la lampe)* – el ordenador - el escritorio *(le bureau)* - la bolsa (de papel) *(le sac)* - los discos - la papelera *(la corbeille à papiers)*

Lección 2 • LA VIDA EN EL COLE

manuel p. 22

1 Lee

1. PRIMERA LECTURA **Lee el texto *¡Un delegado genial!***

2. SEGUNDA LECTURA **Elige la respuesta correcta.**

a. Álvaro destaca *(est bon)* **en las clases de:** *Literatura y Sociales.* ☐ *Lengua y Sociales.* ☐ *Lengua y Ciencias Naturales.* ☐

b. Tiene buena relación con:

los compañeros. ☐ *los profesores.* ☐ *los compañeros y la gente de su barrio.* ☐

c. Álvaro *ayuda* ☐ *no ayuda* ☐ **a preparar los exámenes.**

3. TERCERA LECTURA **Define a Álvaro en pocas palabras.**

....

2 Dictado

CD ÉLÈVE Piste 36

Escucha y escribe los verbos que definen las acciones de un buen delegado.

a.	**b.**	**c.** ....
d.	**e.**	**f.** ....
g.	**h.**	

3 Lengua

Completa con el adjetivo posesivo correspondiente.

a. Yo quiero ser delegado de .... clase.

b. Mis hermanos y .... compañeras tienen exámenes.

c. Tú escribes en .... cuaderno y vosotros leéis .... libros.

Lección 2 • AL SALIR DE CLASE

manuel **p. 23**

1 Prepárate para escribir

Mira el horario de la página 23 y precisa de qué actividades se tratan.

a. El lunes, de 17:50 a 18:40: ……………………

b. El miércoles, de 16:10 a 17:00: ……………………

c. El miércoles, de 17:00 a 17:50: ……………………

d. El jueves, de 17:00 a 17:50: ……………………

e. El martes, de 16:10 a 17:00: ……………………

2 Escribe

Escribe sobre la(s) actividad(es) de tu mejor amigo(a) precisando el/los día(s) y la(s) hora(s).

……………………

……………………

3 Lengua

¿Qué hora es?

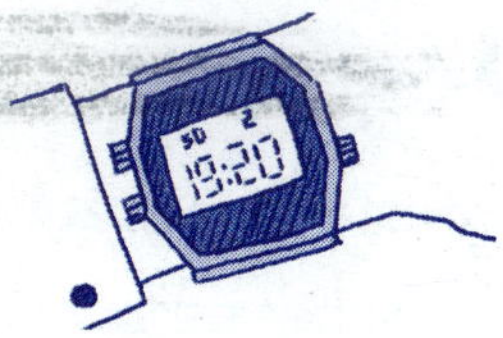

a. …………… **b.** …………… **c.** …………… **d.** ……………

4 ¡Soy creativo(a)!

Tu colegio propone actividades entre las 12:00 y las 14:00. Crea un cartel para presentarlas y precisa las horas y los días. Puedes pegar imágenes o dibujar.

Lección 3 • COMPAÑEROS Y AMIGOS

manuel p. 24

1 Lee

1. PRIMERA LECTURA **Lee el texto *Así soy yo*.**

2. SEGUNDA LECTURA **¿Verdadero (V) o falso (F)? Rectifica si es falso.**

a. Javi e Idoia se parecen en que los dos hablan mucho. ☐ V ☐ F

→ ....

b. Javi es tímido en su relación con los profesores. ☐ V ☐ F

→ ....

c. A los chicos les gusta Idoia. ☐ V ☐ F

→ ....

3. TERCERA LECTURA **¿Te gusta Javi como compañero y amigo? ¿Por qué?**

....

....

....

2 Lengua

Contesta a las preguntas. Utiliza los verbos *saber* y *decir*.

a. ¿Sabes español?

....

b. ¿Qué dices para saludar a tus compañeros?

....

c. Tus padres, ¿saben español?

....

3 ¡Soy creativo(a)!

Crea tus emoticones emocionales, como en el ejemplo.

soy antipático	soy gracioso	soy tímida	soy cariñosa

Lección 3 • UN AMIGO ES/NO ES...

manuel p. 25

1 Prepárate para hablar

Relaciona las dos columnas para formar frases completas.

a. Un amigo te pide un consejo... o   o **1.** ...cuando estás triste.

b. Una amiga te consuela... o   o **2.** ...cuando necesito hablar.

c. Mi mejor amigo me escucha... o   o **3.** ...cuando tiene un problema.

....

....

....

2 Lengua

Transforma estas frases utilizando la 1ª persona del singular.

a. Leonor y Sofía piden un libro para estudiar.

Yo ....

b. Nosotras decimos la lección.

....

c. Vosotros os reís mucho con vuestros compañeros.

....

3 ¡Soy creativo(a)!

Dibuja un cartel para celebrar el "Día del amigo(a)".

DELEGADO DE CLASE

manuel p. 26

Escucha y escribe

CD ÉLÈVE Piste 05

a. Escucha la historia con la ayuda de tu libro (p. 26).

b. Crea tus propias frases siguiendo el tema de la historia.

Palabras

manuel p. 27

1 El colegio

Relaciona los dibujos con la palabra correspondiente.

2 Las actividades extraescolares

Adivina de qué se trata.

a. Es un juego de lógica y de paciencia: ....

b. Es una mezcla de varios tipos de bailes y es enérgico: ....

c. Es un instrumento de música con seis cuerdas *(cordes)*: ....

d. Se puede bailar con castañuelas *(castagnettes)*: ....

3 La descripción

Da un sinónimo.

a. feliz: ....

b. amable: ....

c. reservado(a): ....

d. divertido(a): ....

4 Los amigos

Tacha los verbos o las expresiones que no caracterizan a un(a) amigo(a).

compartir · consolar · aconsejar · criticar · revelar secretos · ignorar · escuchar

Planeta hispánico

ESCUELAS DIFERENTES

manuel p. 30

1. ¿Qué tipo de escuelas aparecen en tu libro?

a. .... **b.** .... **c.** ....

2. Coloca *(place)* **las características de estas escuelas en las columnas correspondientes.**

- se utilizan pizarras digitales
- se trabaja con material de recuperación
- se dan las clases al aire libre
- cada alumno(a) tiene un ordenador en clase
- se hacen paredes de botellas de plástico
- se evita el gasto *(le gaspillage)* en el comedor escolar
- los profesores escriben con tablets

Escuelas ecológicas	Escuelas tecnológicas
....	....
....	....
....	....
....	....

Autoevaluación

p. 32

A1

Je suis capable de...

		😊	🙂	😟
	1. Comprendre une conversation sur le collège. C2 **Comprendre les points essentiels d'un message oral.**			
	2. Parler des relations amicales. C2 **Décrire, raconter, expliquer.**			
	3. Comprendre une description physique et du caractère. C2 **Savoir repérer des informations dans un texte.**			
	4. Parler de l'endroit où je me trouve. C2 **Demander et donner des informations.**			
	5. Écrire sur mes activités extrascolaires. C2 **Écrire un message simple.**			

Unidad 2

¿Y después del cole ...?

Lección 1 • ESTAMOS JUGANDO, PERO...

manuel p. 34

1 Escucha

CD ÉLÈVE Piste 07

1. PRIMERA ESCUCHA **Escucha.**

2. SEGUNDA ESCUCHA **Selecciona la respuesta correcta.**

a. Hablan: *dos hermanas y su madre.* ☐ *un hermano y su hermana con su padre.* ☐

b. Hablan: *de los deberes del cole.* ☐ *de quien va a la panadería.* ☐ *de quien pone la mesa.* ☐

3. TERCERA ESCUCHA **¿Verdadero (V) o falso (F)? Rectifica si es falso.**

a. Rafa y Silvia están jugando a los videojuegos. ☐ **V** ☐ **F**

....

b. Al final, Rafa va a la panadería y Silvia ayuda a su madre. ☐ **V** ☐ **F**

....

4. CUARTA ESCUCHA **Comprueba tus respuestas.**

2 Lengua

Selecciona entre los verbos para imaginar qué está haciendo cada personaje en una frutería.

limpiar — comprar — pagar — vender frutas — ayudar a cargar

a. El vendedor: ....

....

b. La señora: ....

....

c. Las hijas de la señora: ....

3 Juego

Tres gerundios se esconden *(se cachent)* **en la serpiente, ¿cuáles son?**

adghterplfdurmiendorvqwdiciendoazqpduchándosebtrhe

1. .... **2.** .... **3.** ....

Lección 1 • ¿DÓNDE SE PUEDE COMPRAR...?

manuel p. 35

1 Prepárate para hablar

Relaciona cada objeto *(objet)* **con el comercio que corresponde. Después, escribe su nombre.**
panadería / Correos / frutería / librería / carnicería.

S_____ P___ B_________ P______

N_________ D______________ C________

2 Dictado

CD ÉLÈVE Piste 37

Escucha la historia y escribe todos los ordinales que oyes.

a.	b.	c.	d.	e.	f. ....

3 Lengua

Indica las acciones que hacen estas personas a estas horas, utilizando el verbo ***soler*****.**
Ex. : *Mi padre, a las 8 → A las 8, mi padre suele desayunar.*

a. Los profesores, a las 12h30 → ....

b. Ana y yo, a las 18h → ....

c. Los niños, a las 21h30 → ....

4 ¡Soy creativo(a)!

1. **En la frutería, puedes comprar frutas, en la panadería, puedes comprar pan...**
Imagina qué se puede comprar en una ***frutapanadería*****:** ....

....

¿Y en una ***pescapapelería*****?** ....

 manuel p. 36

1 Lee

1. PRIMERA LECTURA Lee el texto p. 36.

2. SEGUNDA LECTURA Di si las afirmaciones siguientes son verdaderas (V) o falsas (F). Rectifica cuando es falso.

a. En casa, solo los adolescentes pueden colaborar. ☐ V ☐ F

→ ....

b. Colaborar significa mejorar la vida familiar. ☐ V ☐ F

→ ....

c. Los chicos pueden colaborar una vez a la semana. ☐ V ☐ F

→ ....

d. Hay pocas tareas que los chicos pueden realizar. ☐ V ☐ F

→ ....

3. TERCERA LECTURA Apunta todas las palabras que se refieren a las tareas domésticas.

....

....

2 Juego

Para ordenar esta habitación relaciona cada ficha de verbo (en la cama) con la del suelo correspondiente.

Lección 2 • Y TÚ, ¿QUÉ HACES?

manuel p. 37

1 Prepárate para escribir

Escribe la lista de las tareas domésticas que haces en casa.

....

....

2 Escribe

1. Mira los dibujos y escribe lo que hacen los miembros de la familia de Marta.

Sara, mi madre,  .... todos los días. Alberto,

mi padre,  .... a Rubi, nuestro perro.

Mi hermano Carlos y yo,  .... los lunes y los viernes.

Yo  .... los martes.

Carlos y yo  .... cada mañana.

2. Tus padres no están en casa. A ti te toca organizar las tareas. Escribe dos frases para decir a tus hermanos cómo colaborar.

a. José y Ana, ... y ....

b. Ana, ... y José, ...

3 Lengua

Completa el texto conjugando los verbos en presente.

a. Yo *(vaciar)* el lavavajillas, pero tú *(fregar)* .... cacerolas .

b. Yo *(poner)* .... la mesa, pero tú *(ir)* .... a comprar el pan.

c. Yo *(dar)* .... de comer al perro, pero vosotros *(ir)* .... a la frutería.

d. Por la mañana, yo *(hacer)* .... la cama, y después *(recoger)* .... la mesa.

Lección 3 • ¿TE GUSTAN LOS DEPORTES?

manuel p. 38

1 Escucha

CD ÉLÈVE Piste 08

1. PRIMERA ESCUCHA Escucha.

2. SEGUNDA ESCUCHA **Selecciona la respuesta correcta.**

a. Hablan: *cuatro chicos.* ☐ *un profesor y tres chicos.* ☐ *profesores.* ☐

b. La encuesta trata de: *los horarios de los alumnos.* ☐ *los deportes de los alumnos.* ☐

3. TERCERA ESCUCHA **Rectifica las afirmaciones y luego, comprueba tus respuestas.**

a. Fabi practica el tenis. ……………………………………

b. A Lucía le gusta el baile. ……………………………………

c. Ana juega al fútbol. ……………………………………

d. Los chicos practican deportes porque les gusta ganar. ……………………………………

……………………………………

2 Dictado

CD ÉLÈVE Piste 38

Escribe el nombre de los deportes que oyes.

a. ……………	b. ……………	c. ……………	d. ……………	e. ……………	f. ……………

3 Lengua

Transforma las frases cambiando *(en changeant)* **de sujeto.**

Ex. : *A mí me gustan las hamburguesas.* → *(nosotros) A nosotros nos gustan las hamburguesas.*

a. A ti te gusta cantar y bailar → (ellas) ……………………………………

b. A Isabel le gusta ir al cine → (Pedro) ……………………………………

c. A tus padres les gusta cocinar → (vosotros) ……………………………………

4 Juego

Busca *(cherche)* **el nombre de los deportes y completa las palabras.**

b _ _ i   k _ _ _ _ e   b _ _ _ o

t _ _ _ s   b _ _ _ _ _ _ _ o   f _ _ _ _ l

r _ _ _ y   b _ _ _ _ _ _ _ _ o

Lección 3 • ¡ME ENCANTA CHATEAR!

manuel p. 39

1 Prepárate para escribir

Ordena esta lista de palabras en el cuadro siguiente según *(selon)* **tus gustos.**

el rock - la guitarra - los conciertos - cantar - bailar - escribir canciones - chatear - salir con amigos

♥	♥♥	♥ (tachado)
....	....	....
....	....	....
....	....	....

2 Escribe

1. A partir del cuadro, escribe tres frases que corresponden a tus gustos.

→ ....

→ ....

→ ....

2. Escribe lo que te encanta hacer con tu amigo(a). Da dos ideas.

→ ....

→ ....

3 Lengua

Tacha *(raye)* **en rojo las formas que no convienen y escribe la frase correcta.**

a. A Isabel y a mi hermana les encantan / les encanta ir al cine.

→ ....

b. A tu profesor no te gusta / le gusta el ruido *(le bruit)* en clase.

→ ....

c. A mi madre y a mí me encanta / nos encanta escuchar música.

→ ....

TU CÓMIC

¿JUEGAS DESPUÉS DE CLASE?

manuel **p. 40**

1. Escucha la historia de TU CÓMIC con la ayuda del libro.

2. Crea unas réplicas diferentes para las viñetas 4 y 5. Puedes elegir *(choisir)* en la lista de proposiciones. ¡Cuidado! Hay intrusos.

- Tengo clase de baile a las siete.
- Nos encanta el fútbol.
- Estamos preparando el juego.
- Hoy no juego, hago los deberes de Mates.
- ¿Qué hora es?
- Buenas tardes, chicos ¿Qué estáis haciendo?

- Prefiero fregar los platos.
- ¡Vaya, qué calor!
- Cuidado ¡Somos las campeonas del Pictionary!
- Bueno, me voy a la panadería.
- Me encanta dibujar.

Palabras

manuel p. 41

1 Las tiendas

1. Observa los dibujos e indica dónde se puede comprar cada elemento.

 Puedo comprar .... en ....

 Vosotros .... en ....

 Marta y Lola .... en ....

 Los turistas .... en ....

2 Los deportes

1. Adivina de qué deporte se trata.

a. Se juega con una pelota y once jugadores: es el ....

b. Lo practicas en la piscina: es la ....

c. Con un quimono y un cinturón puedes practicarlo: es el ....

d. Si corres y saltas, lo practicas : es el ....

e. En el mar, con botellas de oxígeno, puedes practicar este deporte: es el ....

2. Escribe la definición de los deportes siguientes.

a. El baloncesto: ....

b. El tenis: ....

3 Las tareas domésticas

Completa esta nota que está en la cocina.

Luz, por favor, tú friegas .... y .... el lavavajillas.

Pablo, por favor, tú .... la cama y .... tu habitación.

Luz y Pablo, podéis .... a la .... para comprar pan.

4 Los gustos

a. Colorea según tus gustos de lo más claro (lo que te encanta) a lo más oscuro.

BAILAR — LOS DEPORTES — LEER — EL RAP — IR A LA PLAYA — LAS MATEMÁTICAS

b. Escribe una frase para decir lo que te encanta.

....

¿A QUÉ HORA SE SUELE...?

manuel p. 44

1 Juego de errores

Hay errores en las frases. Rectifica y escribe las respuestas correctas.

a. Por la noche, a los españoles les gusta mucho ir a varios restaurantes de mariscos *(fruits de mer)*.

....

b. Los supermercados y las tiendas abren de 9 a 12 y de 2 a 7 de la tarde.

....

c. Se suele tomar el chocolate con churros cada mañana.

....

2 ¿Qué suelen hacer los españoles?

1. Indica con una cruz qué suelen hacer los españoles.

- ○ Comer queso al final de la cena.
- ○ Tomar té a las 5.
- ○ Comer tarde.
- ○ Ir de tapeo.
- ○ Comer espaguetis y pizzas.

2. Y, ¿qué suelen hacer los franceses?

a. ....

b. ....

Autoevaluación

p. 46

A1+

Je suis capable de...	😊	😐	😟
1. Repérer une action qui se déroule. C2 **Comprendre les points essentiels d'un message oral.**			
2. Parler des commerces. C2 **Demander et donner des informations.**			
3. Comprendre un texte sur la vie à la maison. C2 **Savoir repérer des informations dans un texte.**			
4. Écrire un texte sur mon rôle à la maison. C2 **Écrire un message simple.**			
5. Parler de mes goûts. C2 **Demander et donner des informations.**			

CD ÉLÈVE Piste 11 à 13

¡RADIO RAYUELA la radio que te transporta!

manuel p. 47-52

¡En vivo!

Animador: Hola, bienvenidos. Son las nueve de la noche, las ocho en Canarias. Pero para nosotros, son las dos en punto de la tarde porque hoy estamos en la maravillosa e histórica ciudad de México para nuestro programa "Viajando por el mundo hispánico".

Animadora: Damos una vuelta por América, por las tierras de los mayas, de los aztecas y de los incas. Carmen, Lola, Mateo y David nos acompañan. Y tú, ¿vienes con nosotros?

(Nous parcourons l'Amérique, sur les territoires des mayas, des aztèques et des incas.)

♫ MUSIQUE DE MARIACHI : musique de fête, traditionnelle de l'état mexicain de Jalisco. Elle était jouée à l'origine par une guitare, deux violons et une sorte de luth, auxquels se sont ajoutées aujourd'hui, des trompettes.

Animador: Estoy precisamente en el Museo del Templo Mayor donde ya se encuentran nuestros cuatro amigos.

Escuchemos *(Écoutons…)*

Taller de teatro:
Con los dioses aztecas
(*manuel p. 50*).

♫ MUSIQUE MAYA : reconstitution de ce qui nous est parvenu de la musique maya, exécutée sur des instruments traditionnels (flûtes de céramiques, trompes de coquillages ou de branches creuses, tambours). (Voir photos de la p. 48)

Animador: ¡Qué divertidos son estos chicos! ¿Verdad?

♫ MUSIQUE ANDINE : musique des populations vivant dans la cordillère des Andes, jouée le plus souvent sur des flûtes et des petites harpes, héritière à la fois des musiques indigènes et espagnoles.

1 ¿Te acuerdas?

Ayuda a los gemelos a clasificar estas afirmaciones en el cuadro.

Civilización maya	Civilización azteca	Civilización inca
....	....	....
....	....	....

a. Utilizan el disco solar como calendario.

b. Viven en los Andes

c. Viven en Yucatán.

d. No conocen la rueda.

e. El emperador era un ser divino.

f. Utilizan colores para adornar sus templos.

¡En vivo!

Animadora: Y ahora nuestra sección : Al doblar la página.

Lectura:
Leyenda del maíz sagrado
(*manuel p. 51*).

Animadora: Mañana salimos para Perú y la semana próxima hablaremos desde Cuzco, la gran ciudad inca. Hasta muy pronto…

2 ¿Qué cuenta?

A tu parecer, ¿cuál de estas frases mejor resume el texto?

- O Los aztecas cultivan el maíz para sobrevivir.
- O Quetzalcóatl abre la montaña y da maíz a los aztecas.
- O Quetzalcóatl les trae a los aztecas un grano de maiz que cultivan.

Tiempo para divertirse

Lección 1 • ¿VAMOS DE TIENDAS?

manuel p. 54

1 Escucha

CD ÉLÈVE Piste 14

1. PRIMERA ESCUCHA **Escucha y marca la(s) respuesta(s) correcta(s).**

a. Hablan: *un padre y su hija.* ☐ *un chico y una chica.* ☐ *dos hermanos.* ☐

b. Hablan de: *deporte.* ☐ *la semana.* ☐ *ropa.* ☐

2. SEGUNDA ESCUCHA **Contesta a las preguntas.**

a. ¿Qué ha comprado Carla? ....

b. ¿Para quién es la falda? ....

c. ¿Por qué necesita Manu unas zapatillas? ....

2 Lengua

Transforma las frases conjugando los verbos en negrita en pretérito perfecto.

a. Esther **va** de compras este sábado. → ....

b. Tú y yo **estrenamos** uniforme este año. → ....

c. ¿**Compras** un regalo para Silvia? → ....

3 ¡Soy creativo(a)!

CD ÉLÈVE Piste 39

Escucha la presentación del desfile de moda y completa cada modelo con la ropa adecuada.

Óscar **Elena** **Marisa** **Eduardo**

Lección 1 • ¿QUÉ HAS HECHO ESTE FIN DE SEMANA?

manuel p. 55

1 Prepárate para hablar

¿Qué ha hecho Sergio este fin de semana? Completa el tuit.

@ Sergio… Este fin de semana  .... a todos mis amigos.

 .... con mis padres y  ....

en mi habitación.

2 Lengua

Escribe los participios del crucigrama.

1. comprar ....

2. salir ....

3. abrir ....

4. poner ....

5. hacer ....

6. escribir ....

7. quedar ....

8. volver ....

9. decir ....

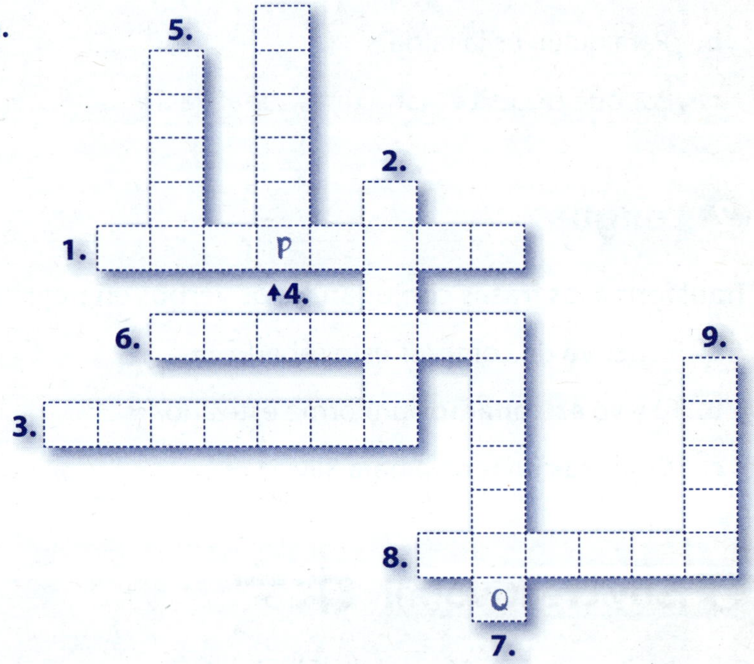

3 Juego

Imagina qué ha hecho este fin de semana cada una de estas personas.

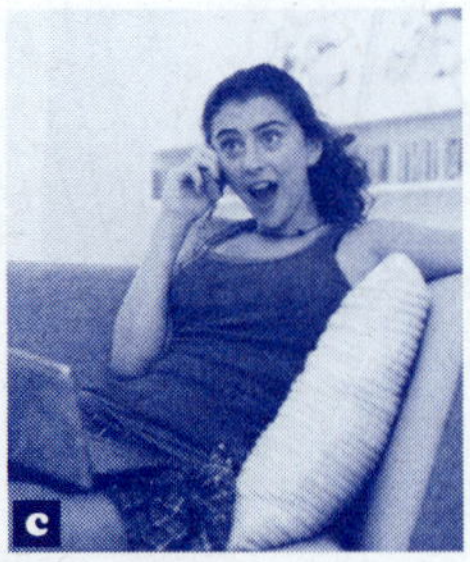

....

....

....

....

....

....

....

Lección 2 • UNA CITA ESPECIAL

manuel p. 56

1 Lee

1. PRIMERA LECTURA **Lee la viñeta.**

2. SEGUNDA LECTURA **Contesta a las siguientes preguntas.**

a. ¿Por qué cree la hermana de Jevi que su hermano se ha arreglado tanto?

→ ....

b. ¿Con quién es en realidad la cita de Jevi?

→ ....

2 Escribe

Completa el texto con las etiquetas correspondientes. Se pueden repetir.

a ANTES — b AL FINAL — c DESPUÉS — d LUEGO — e PRIMERO

Este fin de semana he ido a un cumpleaños. ...., he quedado con mis amigos para comprar un regalo. ...., he vuelto a mi casa para arreglarme *(me préparer)* .... de ir a la fiesta. He pensado mucho y .... me he puesto mis pantalones nuevos. .... me he peinado *(me peigner)* y he ido a la fiesta. Hemos bailado mucho. ...., nos hemos comido la tarta, y .... he vuelto a casa con mi primo.

3 Lengua

Completa las frases siguientes utilizando un verbo pronominal en pretérito perfecto *(passé composé)***.**

a. Me he lavado el pelo y después ....

b. Luisa quiere oler bien por eso ....

c. Mis padres van a una fiesta, por eso .... elegantemente.

d. Hoy, Ava y yo .... con moño *(chignon)*.

e. ¿A qué hora .... hoy? Yo me he duchado a las 7h30.

Lección 2 • TIENES QUE LLEGAR PRONTO

manuel p. 57

1 Prepárate para escribir

Clasifica las siguientes acciones en obligaciones y deseos *(souhaits)*.

	Obligaciones	Deseos
a. Ir a comprar el pan	☐	☐
b. Quedar con tus amigos	☐	☐
c. Ver una peli en el cine	☐	☐
d. Poner la mesa	☐	☐
e. Sacar al perro	☐	☐

2 Escribe

¿Qué tienes que hacer si quieres realizar uno de los deseos de la lista?

Quiero, ...

por eso, ...

....

3 Lengua

Asocia las dos columnas y conjuga los verbos correspondientes para formar frases.

1. Estamos aburridos en casa.

2. Está mal peinada.

3. Quiero ir al concierto.

a. (*tener que*) peinarse.

b. (*no tener que*) volver a casa solo.

c. (*tener que*) salir a la calle.

....

....

....

....

....

Lección 3 • UNA FIESTA DIVERTIDA

manuel p. 58

1 Escucha

CD ÉLÈVE Piste 15

1. PRIMERA ESCUCHA **Escucha.**

2. SEGUNDA ESCUCHA **Escoge la(s) respuesta(s) correcta(s).**

a. Hablan: *dos amigos.* ☐ *un chico y una chica.* ☐ *dos compañeros y la madre de uno.* ☐

b. Hablan de: *las clases.* ☐ *una fiesta de cumpleaños.* ☐ *una fiesta de disfraces.* ☐

3. TERCERA ESCUCHA **¿Verdadero (V) o falso (F)? Justifica cuando es falso.**

a. Carlos está preparando el cumpleaños de María. ☐ **V** ☐ **F**

→ ....

b. Manu no necesita ayuda. ☐ **V** ☐ **F**

→ ....

c. Carlos se encarga de hacer la tarta. ☐ **V** ☐ **F**

→ ....

d. Para la fiesta, son menos que la última vez. ☐ **V** ☐ **F**

→ ....

4. CUARTA ESCUCHA **Comprueba tus respuestas.**

2 Lengua

Inventa tres frases con los comparativos *más … que, menos … que, tan … como.*

....

....

....

3 Juego

Esta piñata está vacía *(vide)*. **Rellénala** *(remplis-la)* **escribiendo las palabras de los objetos que puedes poner dentro.**

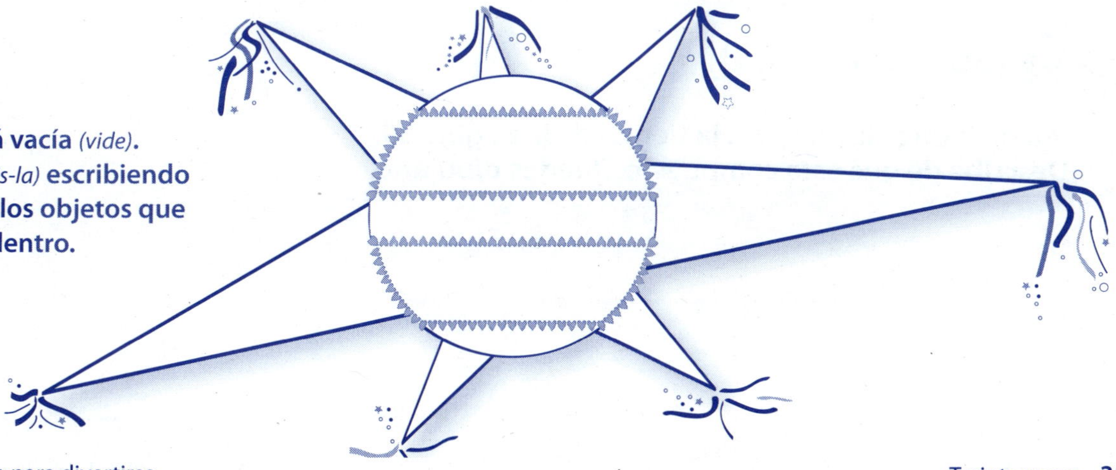

Lección 3 • ¿QUÉ HAY QUE HACER?

manuel p. 59

1 Prepárate para hablar

Encuentra las respuestas a estas adivinanzas uniendo las columnas.

- **a.** Lleva un vestido y una varita mágica. o — o disfraz de bruja
- **b.** Le gusta la sangre y lleva una capa. o — o disfraz de pirata
- **c.** Lleva un parche porque solo tiene un ojo. o — o disfraz de hada
- **d.** Lleva un gorro y se desplaza en escoba. o — o disfraz de vampiro

2 Dictado

CD ÉLÈVE Piste 40

Subraya las palabras que oyes.

disfraces — regalo — casa — piñata — tarta — confeti — invitaciones — comida — bebida — velas — menú

3 Lengua

Responde a las preguntas con dos acciones como mínimo.

a. ¿Qué hay que hacer para pasar un fin de semana perfecto?

→ ....

b. ¿Qué hay que hacer antes de ir a una cita?

→ ....

c. ¿Qué hay que hacer para preparar una fiesta?

→ ....

4 ¡Soy creativo(a)!

Imagina otro disfraz para la tienda de la página 59. Describe de qué está compuesto. Puedes dibujarlo.

....

....

....

....

¡ESTÁIS INVITADAS!

manuel p. 60

1 Escucha

CD ÉLÈVE Piste 16

Escucha la historia e indica quién dice cada frase.

	Mateo	Lola	Carmen	David
a. He ido al centro comercial de compras.	☐	☐	☐	☐
b. Van a venir más invitados que el año pasado.	☐	☐	☐	☐
c. ¿Cuántos vamos a ser?	☐	☐	☐	☐
d. ¿Nos acompañáis?	☐	☐	☐	☐

2 Escribe

Imagina qué tienen que comprar los gemelos para su fiesta. Escribe la lista.

....

....

....

....

....

3 ¡Soy creativo(a)!

Los gemelos preparan su fiesta. Primero, dibuja el salón de su casa con la decoración. Después, escribe el nombre de las cosas. Al final, puedes dibujar también a las personas que están en la fiesta.

Palabras

manuel p. 61

1 La ropa

Colorea de un mismo color las sílabas que forman el nombre de una prenda de ropa. Hay siete.

PAN	TO	MI	CA
ZA	CA	VA	LÓN
QUE	JER	TA	FAL
SEY	DA	ROS	SE
TA	MI	SA	PA

1. ....
2. ....
3. ....
4. ....
5. ....
6. ....
7. ....

2 La fiesta

Adivina, adivinanza. ¿De qué se trata?

a. Son pequeños, de papel y de muchos colores.

....

b. Se ponen en las tartas para indicar la edad de la persona del cumpleaños.

....

c. Los recibimos en Navidad o en un cumpleaños.

....

d. Si les introduces aire, son más grandes que cuando los compras.

....

3 El teléfono

Completa el crucigrama.

HORIZONTAL

1. Acción que se realiza cuando suena el teléfono
2. Acción que se realiza antes de hablar por teléfono.

VERTICAL

3. Se dice al responder al teléfono.
4. Acción que se realiza al finalizar la conversación.
5. Otra palabra que se puede decir al responder al teléfono.

¡TIENES QUE JUGAR!

manuel p. 64

Haz la ficha de tu videojuego preferido o de uno que inventas. Puedes ayudarte de la página de tu manual.

Autoevaluación

p. 66

A1+

	Je suis capable de...			
	**1.** Comprendre une conversation à propos des vêtements. C2 **Comprendre les points essentiels d'un message oral.**			
	**2.** Parler des loisirs du week-end. C2 **Demander et donner des informations.**			
	**3.** M'exprimer sur ce qu'il faut faire. C2 **Décrire, raconter, expliquer.**			
	**4.** Comprendre une conversation téléphonique. C2 **Savoir repérer des informations dans un texte.**			
	**5.** Écrire un mail à propos de ce que je dois faire. C2 **Écrire un message simple.**			

Unidad 4

¡Come bien, come sano!

Lección 1 • ¿Y USTED, QUÉ COME?

manuel p. 68

1 Escucha

CD ÉLÈVE Piste 18

1. PRIMERA ESCUCHA Escucha y elige la respuesta correcta.

a. El documento es: *una entrevista a un médico.* ☐ *un debate en la radio.* ☐

b. Hablan: *personas mayores.* ☐ *personas mayores y jóvenes.* ☐ *jóvenes.* ☐

2. SEGUNDA ESCUCHA Ordena las siguientes frases.

a. sano / usted/ ? / Qué / para / ¿ / es / comer

....

b. de / Carmen / Está / ? / usted / acuerdo / ¿

....

c. ? / vosotros / Hacéis / Arturo / ¿ / eso

....

3. TERCERA ESCUCHA Verifica tus respuestas.

2 Lengua

Completa las siguientes frases con la palabras que expresan la cantidad.

a. No es bueno comer .... grasas.

b. Come .... alimentos de la zona verde de la pirámide.

c. Hay .... alimentos para elegir.

d. Tienes sed porque bebes .... agua.

3 ¡Soy creativo(a)!

Colorea con el color correspondiente de la pirámide cado uno de estos alimentos.

HUEVOSMANTEQUILLAPANACEITEAGUA

Lección 1 • SOMOS LO QUE COMEMOS

manuel p. 69

1 Prepárate para hablar

Completa el nombre de las cuatro comidas del día con las letras que faltan.

a. _ _ S _ _ U _ O 

b. _ _ M _ D _ 

c. _ E _ _ _ N D _ 

d. C _ _ _ 

2 Lengua

Relaciona las frases con los dibujos.

a. ◯ Bebed mucha agua.

b. ◯ Vive sano.

c. ◯ Desayunad.

d. ◯ Compra el pan.

3 ¡Soy creativo(a)!

Decora este cartel con dibujos, imágenes y/o palabras de alimentos que te gustan para cada comida del día.

Desayuno	Comida	Merienda	Cena

Lección 2 • COCINA FÁCIL

manuel p. 70

1 Lee

1. **PRIMERA LECTURA** **Lee la receta de cocina. Fíjate bien en los pasos.**

2. **SEGUNDA LECTURA** **Sin mirar el libro, completa con el imperativo correspondiente.**

   .... a calentar agua con sal y .... las patatas. .... y .... el puré. .... la carne y encima el puré y .... unos 20 minutos.

3. **TERCERA LECTURA** **Verifica tus respuestas.**

2 Lengua

Busca los imperativos irregulares en el gorro del cocinero y escríbelos. Completa la lista con los que faltan.

1. ....
2. ....
3. ....
4. ....
5. ....
6. ....
7. ....
8. ....

3 Adivinanzas

Adivina los ingredientes de esta receta. ¿Sabes de qué plato se trata?

a. Amarillos con parte blanca, redondos si los cueces, revueltos o a la plancha : ....

b. Marrón por fuera y amarilla por dentro, no hay mayor alimento: ....

c. Dorado como el sol, líquido como el agua y fuente de sabor: ....

d. Blanca y ligera, para dar sabor, échame sin espera: ....

PLATO : ....

Lección 2 • CHICOS, ¡PREPARAD LA CARTA!

manuel p. 71

1 Prepárate para escribir

Clasifica los siguientes platos.

pollo con patatas - tarta de chocolate - sopa castellana - salmón a la plancha - crema de fresas - ensalada de la casa - gazpacho - surtido de quesos - paella

PRIMEROS	SEGUNDOS	POSTRES
....	....	....
....	....	....
....	....	....

2 Escribe

Ahora, escribe un menú con algunos de los platos anteriores.

Menú del día

Primer plato

Segundo plato

Postre

Precio:

Pan, bebida y café

3 Lengua

Completa el cuadro.

Infinitivo	Imperativo (tú)	Imperativo (vosotros)
cortar	....	....
....	cuece	....
....	....	fundid
hacer	....	....
....	sé	....

Lección 3 • ¿TE DUELE ALGO?

manuel p. 72

1 Lee

1. **PRIMERA LECTURA** **Lee el texto de la página 72.**

2. **SEGUNDA LECTURA** **¿Verdadero (V) o falso (F)? Rectifica cuando es falso.**

a. A Cristina le duele la garganta. ☐ V ☐ F

....

b. Cristina no tiene fiebre. ☐ V ☐ F

....

c. Cristina no puede merendar. ☐ V ☐ F

....

3. **TERCERA LECTURA** **Encuentra en el texto otra manera de decir :**

a. estar mala .... **b.** tener décimas ....

2 Lengua

Tacha la opción que no es correcta.

a. A Yolanda *le duele / le duelen* la cabeza.

b. A mí *me duele / me duelen* los pies.

c. A nosotros *nos duele / os duele* la espalda.

d. A ti te *duele / te duelen* las rodillas.

3 Juego

Encuentra siete partes del cuerpo humano en esta sopa de letras.

C	L	L	A	O	B	A	C
A	I	P	M	A	L	M	O
B	S	E	P	L	D	A	Z
E	L	P	I	E	R	N	A
Z	L	D	E	E	D	O	R
A	O	N	N	A	M	A	B
R	A	D	L	A	P	S	E

1. ....
2. ....
3. ....
4. ....
5. ....
6. ....
7. ....

manuel p. 73

1 Escribe

Mira la ilustración de tu libro (p. 73) y escribe una frase sobre este hospital.

2 Lengua

Clasifica los adjetivos al lado del frasco correspondiente. Algunos pueden estar en los dos.

de pie · inteligente · triste · alto · sentado · cariñosa · sano · pelirroja · enferma · preocupado

3 Juego

Encuentra siete diferencias entre estos dos dibujos.

UN DOLOR INOPORTUNO

manuel p. 74

1. Imagina otro final para la historia.

2. Imagina lo que su familia le dice a David, relacionando las dos columnas.

a. MATEO: Hoy no vamos de excursión.	**1.** Fíjate en mí.
b. MADRE: Desayuna equilibradamente.	**2.** ...listo
c. MATEO: Hace una hora que estas desayunando.	**3.** ¡Qué pena!
d. PADRE: Basta de excusas, ve al colegio y ...	**4.** Date prisa.

3. Imagina que eres la madre o el padre de los gemelos. Da otro consejo a David.

....

....

Palabras

manuel p. 75

1 La comida

CD ÉLÈVE Piste 41

Escucha lo que dice la madre de Enrique a su hijo, y completa la lista de la compra.

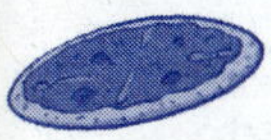

....

....

....

....

2 El restaurante

Ordena el diálogo. [1] [d] [ ] [ ] [ ] [ ] [ ] [ ] [ ] [ ]

Cliente	Camarero(a)
1. Buenos días, la carta, por favor.	**a.** Bien, ¿y de segundo?
2. ¿Puede traerme la cuenta?	**b.** ¿Quiere postre?
3. Sí, tarta de manzana y para beber, agua mineral sin gas.	**c.** Perfecto, un momento por favor.
4. Pues, pollo con puré de patata.	**d.** Sí, un momentito, aquí está.
5. De primero voy a tomar gazpacho.	**e.** Claro, el menú del día son 10 euros.

3 El cuerpo humano

Relaciona la palabra con su definición.

el brazo (a) — los pies (b) — los dedos (c) — los ojos (d) — (e) la rodilla

(1) Tenemos 20 en total.

(2) La articulación de la pierna.

(3) Sirven para ver.

(4) Extremidad superior.

(5) En ellos, nos ponemos los zapatos.

4 La salud

Completa las frases con el remedio correspondiente.

1. Si te duele la cabeza, tómate ....
2. Si te duele el estómago, bebe ....
3. Si te duele la espalda, haz ....

4. Si tienes tos, toma ....

PLATOS MESTIZOS

manuel p. 78

Lee estas dos recetas, escribe el nombre del plato y relaciona con la foto correspondiente.

RECETA A

Preparación

1. Lava los tomates, el pepino y el pimiento.

2. Córtalos y ponlo en el vaso de la batidora *(mixer)*. Pon ajo y cebolla.

3. Tritúralo todo.

4. Añade la sal, el aceite y el vinagre. Bátelo y prueba.

5. Añade agua fría para una textura más o menos líquida.

6. Mete en la nevera y sirve muy frío.

Nombre: ....

Foto: ....

1

2

RECETA B

Preparación

1. Corta el pescado en cuadros.

2. Ponlo en una fuente y vierte el zumo del limón.

3. Corta la cebolla en rodajas y colócala sobre el pescado.

4. Se puede comer inmediatamente o dejarlo "cocinarse" 2 horas en frío.

5. Sirve con cilantro picado.

Nombre: ....

Foto: ....

Autoevaluación

p. 80

A1+

Je suis capable de...

Je suis capable de...	😃	🙂	😕
1. Comprendre un dialogue sur l'alimentation. C2 **Comprendre les points essentiels d'un message oral.**			
2. Donner des conseils pour manger sainement. C2 **Demander et donner des informations.**			
3. Comprendre un texte sur la santé. C2 **Savoir repérer des informations dans un texte.**			
4. Parler de la santé. C2 **Décrire, raconter, expliquer.**			
5. Donner des ordres écrits pour préparer un menu. C2 **Écrire un message simple.**			

CD ÉLÈVE
Piste 21 à 23

¡RADIO RAYUELA la radio que te transporta!

manuel p. 81-86

¡En vivo!

Animadora: Hola, bienvenidos a nuestro programa "Viajando por el mundo hispánico". Son las cuatro de la tarde, las tres en Canarias.

Animador: De regreso a la península, hoy estamos en directo desde Santiago de Compostela, cerca de la Catedral. Nos acompañan algunos peregrinos y sobre todo nuestros cuatro amigos, Lola, Carmen, David y Mateo para contarnos su experiencia en el Camino de Santiago. Han puesto en escena algunas páginas de su diario.

Escuchemos …

Taller de teatro:
Camino a Santiago
(*manuel p. 84*)

♫ MUSIQUE DE GALICE: les instruments traditionnels, dont la cornemuse (*gaita*) indiquent un héritage celte. La plus connue est la danse du moulin (*muñeira*).

Animadora: ¡Qué bien! ¡Qué experiencia para nuestros amigos! Son valientes ¿verdad?

♫ TUNA COMPOSTELANA: la « tuna » est un groupe d'étudiants défendant les couleurs de leur université dans des chansons plutôt gaies et humoristiques.

1 ¿Te acuerdas?

Relaciona:

Carné que acredita al peregrino ○	○ Puente la Reina
Símbolo de Santiago de Compostela ○	○ Catedral de Burgos
Ciudad donde hay un puente del s.XI ○	○ Concha de Santiago
El mayor templo gótico de España ○	○ Credencial

¡En vivo!

Animadora: Y ahora nuestra sección : Al doblar la página.

Lectura:
Leyenda de la concha
(*manuel p. 85*).

Animador: Nuestro próximo encuentro será en tierras de al-Ándalus, en Sevilla o en Granada.

Animadora: Nos vemos allí. Hasta pronto.

2 ¿Qué cuenta?

Elige la(s) respuesta(s) correcta(s).

1. Los novios vuelven a casa:
a. *del novio.* ○ **b.** *de la novia.* ○ **c.** *de los padres de ella.* ○

2. Ven a lo lejos una barca:
a. *en peligro.* ○ **b.** *pescando.* ○ **c.** *saludando.* ○

3. El novio:
a. *continúa su camino.* ○ **b.** *va en su ayuda.* ○ **c.** *pide ayuda.* ○

4. Al final, todos:
a. *se salvan.* ○ **b.** *mueren.* ○ **c.** *piensan que es un milagro.* ○

Unidad 5

Cambios

Lección 1 • EN TU ÉPOCA, ¿CÓMO ERA?

manuel p. 88

1 Escucha

CD ÉLÈVE Piste 24

1. PRIMERA ESCUCHA **Escucha y selecciona la respuesta correcta.**

a. Hablan: *dos jóvenes.* ☐ *un señor mayor y un joven.* ☐ *dos señores.* ☐

b. David tiene un problema con: *su madre.* ☐ *su amigo Luis.* ☐ *su móvil.* ☐

c. El abuelo recuerda: *cómo era de pequeño.* ☐ *cómo se comunicaba con amigos.* ☐

2. SEGUNDA ESCUCHA **Subraya las palabras que se refieren a la conversación. Luego, relaciona cada frase con su personaje. ¡Cuidado, hay intrusos!**

a. mandar *mails* **b.** escribir cartas **c.** comunicarse en persona **d.** enviar sms **e.** andar para ver a los amigos **f.** imposible vivir sin móvil **g.** ir de vacaciones **h.** vivir sin ordenador

David: ....

El abuelo: ....

2 Lengua

Pon este texto en pretérito imperfecto.

– ¿Cómo viven los mayores cuando no tienen esas nuevas tecnologías?
– Hablan por teléfono o escriben. Pero no chatean ni mandan SMS.

....

....

3 ¡Soy creativo(a)!

Pega la imagen de un personaje de tu infancia y di lo que esta persona solía hacer *(una frase)*.

....

....

....

....

....

....

Lección 1 • ¡CÓMO CAMBIAN LAS COSAS!

manuel p. 89

1 Prepárate para hablar

Completa las frases.

a. Antes, cuando las madres castigaban a sus hijos, ellos ....

b. Ahora, es diferente porque ....

2 Dictado

CD ÉLÈVE Piste **42**

Escucha la grabación y apunta los verbos conjugados en pretérito imperfecto.

a. ....
b. ....
c. ....
d. ....
e. ....
f. ....
g. ....
h. ....

3 Lengua

Describe en una frase cómo era la vida de 1950.

....
....
....

4 Juego

Siete verbos conjugados en pretérito imperfecto se esconden *(se cachent)* **en esta sopa de letras.**

a. ....
b. ....
c. ....
d. ....
e. ....
f. ....
g. ....

R	E	Y	K	T	S	A	V
K	L	R	A	I	H	X	A
N	E	D	A	N	W	V	N
X	I	B	T	I	E	E	D
L	A	V	Y	E	S	I	A
D	I	Z	X	Y	I	A	B
E	S	C	R	I	B	I	A
R	F	M	Z	P	A	S	N

Lección 2 • UN CARAMELO CON TENEDOR

manuel p. 90

1 Lee

1. **PRIMERA LECTURA** **Lee el texto.**

2. **SEGUNDA LECTURA** **Di si las afirmaciones siguientes son verdaderas (V) o falsas (F). Rectifica si es necesario.**

   a. Bernat creó un dulce que se podía comer sin mancharse. ☐ V ☐ F
   → ....

   b. Nació Chupa Chups con cinco sabores diferentes. ☐ V ☐ F
   → ....

   c. Su nombre fue inventado por Dalí. ☐ V ☐ F
   → ....

   d. El logotipo tiene la forma de una flor. ☐ V ☐ F
   → ....

3. **TERCERA LECTURA** **Apunta la expresión que muestra que, en el mundo entero, se comen Chupa Chups.**

   ....

2 Escribe

Clasifica los verbos siguientes en las columnas correspondientes e indica la persona utilizada.

pinta • *tocó* • *escribí* • *hablamos* • *toco* • *escribimos* • *inventó* • *inventa*

Presente de indicativo	Pretérito indefinido
....	....
....	....
....	....
....	....

3 Juego

Tacha las letras que sobran *(en trop)* **y escribe cuatro palabras sacadas del texto.**

a. GKEBICAFRAMGELYO → ....

b. SATRBOJYRES → ....

c. MLOTGOKTIHPO → ....

d. MARZRGABRINTA → ....

Lección 2 • DEL CACAOTERO AL CHOCOLATE

manuel p. 91

1 Prepárate para escribir

Con la ayuda de tu libro (p. 91), escribe las fechas en letra.

En ...., Cortés decidió llevar el cacao a Europa.

El cacao llegó a España en .... Se fabricó chocolate por primera vez en ....

2 Escribe

A partir de los datos siguientes, escribe un párrafo sobre el origen del tomate.

- Antes de 1492: cultivo del tomate en Mesoamérica.
- Al principio del siglo XVI: llegada a Europa.
- 1554: "pomodoro", nombre dado por un botánico italiano.
- 1692: primer libro de receta con tomates
- 1876: primera comercialización del kétchup.

....

....

....

....

3 Lengua

Escribe las centenas en letra.

a. Existen más de (150) .... libros que hablan de Colón.

b. Más de (500) .... alumnos aprenden español en el colegio.

c. Hay (250) .... chicas que bailan salsa en mi academia.

4 ¡Soy creativo(a)!

Pega una imagen de tu pastel de chocolate preferido o dibújalo e indica en letra las cantidades de dos ingredientes para fabricarlo.

La receta de mi pastel

Ingredientes:

....

....

....

....

....

Lección 3 • FUE EN 1492...

manuel p. 92

1 Prepárate para leer

Identifica con una flecha en el cuadro…

...a la reina Isabel la Católica.

...al rey Fernando el Católico.

...al rey moro Boabdil.

...el palacio de la Alhambra.

2 Lee

1. PRIMERA LECTURA Lee el texto y di si las afirmaciones siguientes son verdaderas (V) o falsas (F). Corrige si es necesario.

a. El rey Boabdil bajó del caballo cuando vio al rey Fernando. ☐ V ☐ F

→ ……………………………………………………………………

b. El rey Boabdil dio las llaves de Granada al rey Fernando. ☐ V ☐ F

→ ……………………………………………………………………

c. El rey Fernando liberó a los rehenes moros. ☐ V ☐ F

→ ……………………………………………………………………

d. Entre los rehenes, estaban la hija y el primo de Boabdil. ☐ V ☐ F

→ ……………………………………………………………………

2. SEGUNDA LECTURA Apunta todas las palabras que se refieren a la rendición.

……………………………………………………………………

3 Lengua

Conjuga en pretérito indefinido.

a. ………… *(ser)* un momento histórico cuando el rey moro ………… *(dar)* las llaves de la ciudad.

b. Cuando Boabdil ………………………… *(ver)* al rey Fernando, ………………………… *(hacer)* gesto de bajar del caballo.

c. El rey Fernando no ………………………… *(aceptar)* y ………………………… *(liberar)* a los rehenes.

d. Cuando los hijos ………………………… *(ver)* a su padre, lo ………………………… *(saludar)*.

Lección 3 • ¡TIERRA, TIERRA!

manuel p. 93

1 Escucha

CD ÉLÈVE Piste 25

1. PRIMERA ESCUCHA Escucha.

2. SEGUNDA ESCUCHA Selecciona la respuesta correcta.

a. Cristóbal Colón partió: *el 3 de agosto.* ☐ *el 13 de agosto.* ☐ *el 30 de agosto.* ☐

b. Partió de: *Cordos.* ☐ *Palos.* ☐ *Manos.* ☐

c. Con él, iban: *70 hombres.* ☐ *80 hombres.* ☐ *90 hombres.* ☐

3. TERCERA ESCUCHA Completa las frases.

a. La costa apareció el .... a las ....

b. Hoy, la isla se llama ....

4. CUARTA ESCUCHA Comprueba tus respuestas.

2 Lengua

Transforma este texto en primera persona.

a. ¿Se fue con noventa marineros y subió a bordo de la Santa María.

....

b. Salió de Palos en agosto, tomó rumbo *(il mit le cap)* hacia el oeste.

....

c. Cuando vio la costa, tres meses después, dio las gracias a su buena estrella.

....

3 Juego

Completa el mapa con las informaciones siguientes y dibuja el recorrido de Colón.

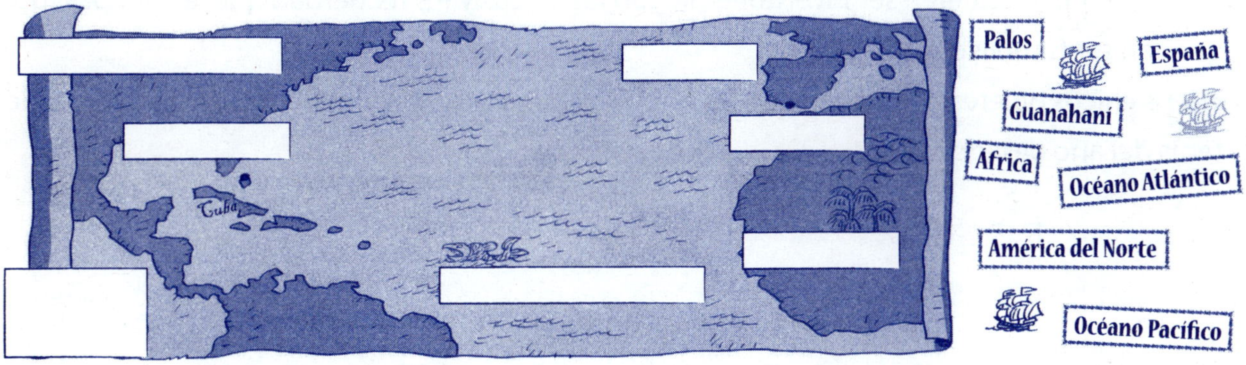

GEMELOS INVENTORES

manuel p. 94

1. **Escribe cada réplica utilizando las palabras siguientes.**

y · un · partido · a · ayer · chicos · teníamos · tenis · no · de · dobles · cancha · hola · fuisteis · de · la · las

2. **Observa lo que pasó el año pasado y explica por qué los gemelos no quisieron jugar al tenis otra vez con las chicas.**

....

....

....

3. **Lee estas frases y subraya con un rotulador la que resume mejor el cómic.**

a. Los gemelos leen libros de deportes y llegan las chicas que quieren jugar al tenis.

b. Los gemelos quieren ser inventores, llegan las chicas y les recuerdan que, el año pasado, querían ser futbolistas.

c. Los chicos quieren ser inventores, las chicas se burlan de ellos hablando de un partido de tenis del año pasado.

Palabras

manuel p. 95

1 Antes y ahora

Ordena estas expresiones en las maletas correspondientes.

el verano pasado - ahora - hace un minuto - ayer - el año pasado - hoy - hace tres años

....
....
....
....

....
....
....
....
....

2 Cientos y miles

CD ÉLÈVE Piste 43

Escucha las fechas, y escríbelas delante del acontecimiento *(événement)* **correspondiente.**

a. .... Primera fabricación del chocolate

b. .... Descubrimiento de América

c. .... Llegada del cacao a Europa

d. .... Nacimiento de las galletas Oreo

3 La conquista de Granada

Ordena estas palabras que corresponden a la conquista de Granada y relaciónalas con su definición.

L A M H A B A R .... ◇   ◇ Los que perdieron

S L L V A E .... ◇   ◇ El rey moro

S D O V N E I C .... ◇   ◇ Palacio árabe

L D I O A B B .... ◇   ◇ Símbolo de la rendición

4 El descubrimiento de América

Completa el texto seleccionando entre las siguientes palabras.

carabelas – descubridor – isla – octubre – soldados – marineros – indios – al mando – navegante

El 3 de agosto, Cristóbal Colón, el .... genovés (*de la ville de Gênes*), salió de Palos de la Frontera con tres .... la Pinta, la Niña y la Santa María. Colón estaba .... de la Santa María. 90 .... viajaron con él. Llegó a la .... de Guanahaní el 12 de .... de 1492.

DIBUJAR PARA COMUNICARSE

manuel p. 98

1. Indica a qué arte gráfico corresponde estas fotos.

RUPESTRE — MURAL — MURAL URBANO — URBANO

....

2. Elige el arte gráfico que te gusta y dibuja tu propia creación.

Autoevaluación

p. 100

A2

	Je suis capable de…	😄	🙂	😟
	1. Comprendre quelqu'un qui parle d'un souvenir. C2 **Comprendre les points essentiels d'un message oral.**			
	2. Comprendre un événement passé. C2 **Savoir repérer des informations dans un texte.**			
	3. Parler de l'évolution de la vie quotidienne. C2 **Décrire, raconter, expliquer.**			
	4. Écrire sur un fait historique. C2 **Écrire un message simple.**			
	5. Parler sur la création d'un produit. C2 **Demander et donner des informations.**			

¿Viajamos al futuro?

Lección 1 • ¿ADÓNDE IREMOS DE VACACIONES?

manuel p. 102

1 Escucha

CD ÉLÈVE Piste 28

1. PRIMERA ESCUCHA Escucha.

2. SEGUNDA ESCUCHA Elige la(s) respuesta(s) correcta(s).

a. La escena ocurre: *en un parque.* ☐ *en casa.* ☐ *en la piscina.* ☐

b. La familia se irá des vacaciones: *a un camping.* ☐ *a un hotel.* ☐ *a un club.* ☐

c. Allí, Javier: *montará a caballo.* ☐ *se bañará en el mar.* ☐ *tomará el sol en la playa.* ☐ *jugará al balonmano.* ☐ *se quedará mucho tiempo en la piscina.* ☐ *montará en bicicleta.* ☐

3. TERCERA ESCUCHA Calcula y completa.

Las vacaciones de Javier y su familia empezarán el día .... de ....

2 Lengua

1. Rodea *(entoure)* **los verbos conjugados en futuro.**

irá, preparé, tomaréis, comes, jugaré, bebíamos, comerán, viajas, jugad, montarás, monta, cogeremos, se bañará

2. Conjuga los verbos en futuro.

a. La semana próxima, nosotros .... *(probar)* la nueva tienda de campaña.

b. El verano que viene, mis primos no .... *(ir)* de vacaciones con sus padres.

c. Dentro de tres meses, yo .... *(volver)* al cole.

d. Mañana, vosotros .... *(comprar)* nuevas maletas.

3. Completa las frases con la preposición *a* o *en*.

a. Viajarán .... Francia en enero.

b. Tú y yo estaremos ....P arís la semana que viene.

c. Iré .... España el mes que viene.

d. Tú ya estarás .... Madrid el próximo fin de semana.

Lección 1 • ¿PODRÁS VIVIR AVENTURAS?

manuel p. 103

1 Prepárate para hablar

CD ÉLÈVE Piste 29

1. PRIMERA ESCUCHA **Escucha.**

2. SEGUNDA ESCUCHA **Rectifica las afirmaciones.**

a. Con *Viaje Paraíso*, lo pasarás fatal. ....

b. Con *Viaje Paraíso*, te quedarás en casa. ....

c. *Viaje Paraíso* te permitirá vivir lo cotidiano. ....

2 Lengua

Algunos verbos no convienen. Rodea los correctos y escribe el texto completo.

Dentro de varios años, a lo mejor la gente .... conducir coches sin ruedas *(roues)*. Estos .... para desplazarse en pocos minutos. También, se .... viajes al espacio en cohetes y se .... en restaurantes en el cielo. Nosotros .... disfrutar de todo y .... todas las excursiones posibles.

3 ¡Soy creativo(a)!

Pega una imagen, un collage de varias imágenes o dibuja un destino de vacaciones fuera de lo común *(hors du commun)*. **Preséntalo en futuro a un(a) amigo(a) (características del lugar, actividades posibles…).**

Mi destino: ....

Las actividades:

....

....

....

....

Lección 2 • UN DESTINO DE ENSUEÑO

manuel p. 104

1 Lee

1. PRIMERA LECTURA Escribe el lema *(le slogan)* **de Puerto Pirámides.**

....

2. SEGUNDA LECTURA Di si las afirmaciones siguientes son verdaderas (V) o falsas (F).

Según el documento, en Puerto Pirámides, los turistas:	V	F
a. podrán hacer buceo por la noche.	☐	☐
b. bailarán mucho.	☐	☐
c. esquiarán y sacarán fotos magníficas.	☐	☐
d. tendrán tiempo para descansar y tomar el sol.	☐	☐

2 Lengua

1. Pon estas frases en futuro.

a. Saco fotos cada día. → ....

b. ¿Descansas cerca del mar? → ....

c. No tenemos la suerte de bucear. → ....

d. Mi madre quiere tomar el sol en la playa. → ....

e. ¿Sabéis ir a Puerto Pirámides? → ....

2. Pon los adjetivos siguientes en femenino.

a. un lugar **único** → una playa ....

b. un paisaje **mágico** → una vista ....

c. un sitio **relajante** → una actividad ....

d. un viaje **inolvidable** → una experiencia ....

3 Juego

Descubre las palabras en relación con un destino paradisiaco.

Lección 2 • ¡CÓMO ME GUSTARÍA VIAJAR A MARTE!

manuel p. 105

1 Escucha

CD ÉLÈVE Piste 44

1. Escucha y completa el texto con las palabras que faltan.

Es difícil de creer, pero un total de .... españoles se han presentado voluntarios para la misión *Mars One*, un proyecto para enviar a .... seres humanos al .... viaje a Marte sin retorno. A partir de ahora comienza la selección. En .... solo quedarán .... solicitantes que vendrán divididos en equipos de .... personas. Estos equipos comenzarán un período de entrenamiento de .... años. El primer grupo llegará a Marte en .... y el .... , ... años después. Los colonos establecerán una colonia y habrá cámaras ante las que dirán todo lo que ocurra.

2 Lee

Lee el texto y elige las respuestas correctas.

a. *Mars One* enviará a seres humanos a Marte en:

2015. ☐ *2023.* ☐ *2013.* ☐

b. Durante 7 años, los candidatos:

aprenderán a conocerse. ☐ *se instalarán en Marte.* ☐ *se entrenarán.* ☐

c. En Marte, las personas seleccionadas:

se instalarán definitivamente. ☐ *harán experiencias científicas.* ☐ *visitarán el planeta.* ☐

3 ¡Soy creativo(a)!

Mira el dibujo del viaje a Marte, inventa otras frases y escríbelas en los bocadillos.

Lección 3 • ¿VIVIREMOS CON ROBOTS?

manuel p. 106

1 Prepárate para hablar

1. Mira el dibujo de Quino y rectifica las afirmaciones.

a. La acción se desarrolla en el futuro porque todos llevan un casco extraterrestre.

→ ....

b. Los invitados son robots.

→ ....

c. El ama de casa está cocinando para sus invitados.

→ ....

2. Subraya la frase que mejor resume el dibujo y explica por qué.

a. En el futuro, la vida funcionará sin los humanos.

b. En el futuro, la gente vivirá en paz *(paix)*.

c. En el futuro, los robots reemplazarán a los humanos.

....

....

2 Exprésate

¿A ti te gustaría vivir con robots? Justifica.

....

....

3 Lengua

Conjuga los verbos en futuro.

a. Los robots .... *(ocuparse)* de la casa y el ama de casa .... *(salir)* de viaje.

b. Nosotros .... *(poner)* en orden la mesa antes de que mamá vuelva.

c. Paco y tú .... *(ponerse)* el abrigo y después .... *(salir)* de casa para ir al cole.

d. ¿A qué hora .... *(salir)* tú mañana por la tarde? Yo .... *(salir)* a eso de las 17.

Lección 3 • ¿CÓMO SERÁ EL FUTURO?

manuel p. 107

1 Lee

1. PRIMERA LECTURA Lee el texto *Así será nuestro futuro*.

2. SEGUNDA LECTURA Elige la respuesta correcta.

a. En el futuro, se podrá: *escuchar la radio en el tren.* ☐ *ver películas en el coche.* ☐ *desayunar en el coche o en el tren.* ☐

b. Los aparatos portátiles de bolsillo permitirán: *hacer llamadas desde cualquier lugar.* ☐ *escuchar música en casa.* ☐ *ver películas.* ☐

c. Con la videoconferencia, se podrá: *ir a cualquier lugar en pocos segundos.* ☐ *ver a personas en el cine.* ☐ *verse durante las llamadas telefónicas.* ☐

3. TERCERA LECTURA De todo esto, ¿qué existe hoy?

....

2 Lengua

Forma los adverbios correspondientes.

a. lento → ....

b. total → ....

c. eléctrico → ....

d. feliz → ....

3 Escribe

Imagina que Internet no existe todavía. Redacta unas líneas en futuro para explicar cuáles serán sus funciones .

....

....

....

....

VOLVEREMOS A VERNOS

manuel p. 108

1 Escucha y escribe

CD ÉLÈVE Piste 30

Cierra tu libro, escucha la grabación del cómic y ordena las viñetas de 1 a 7.

2 Soy creativo(a)!

Dibuja tu próximo destino de vacaciones y preséntalo.
También puedes pegar una imagen.

....

....

....

....

....

....

....

Palabras

manuel p. 109

1 Los destinos de viajes

¿A qué destino corresponden las fotos?

a. .... **b.** .... **c.** .... **d.** ....

2 Los medios de transporte

Escribe qué medios de transporte utilizas para ir a:

a. México: ....

b. España: ....

c. Casa de tu vecino(a): ....

d. Marte: ....

e. Inglaterra: ....

3 La tecnología del futuro

1. Algunas tecnologías que eran futuristas para tus abuelos existen ahora. Descúbrelas ordenando las letras. Después, relaciónalas con los dibujos correspondientes.

stoobr

lapatnla

fdovircaicnndoee

a. .... **b.** .... **c.** ....

2. Escribe el nombre y la definición de otro objeto tecnológico de uso cotidiano para ti.

....

....

EN RUTA HACIA EL FUTURO

manuel p. 112

1. Cierra tu libro y sitúa estos monumentos con flechas de diferentes colores en el mapa de España.

Torre Agbar

El Hemisférico

Museo Oceanográfico

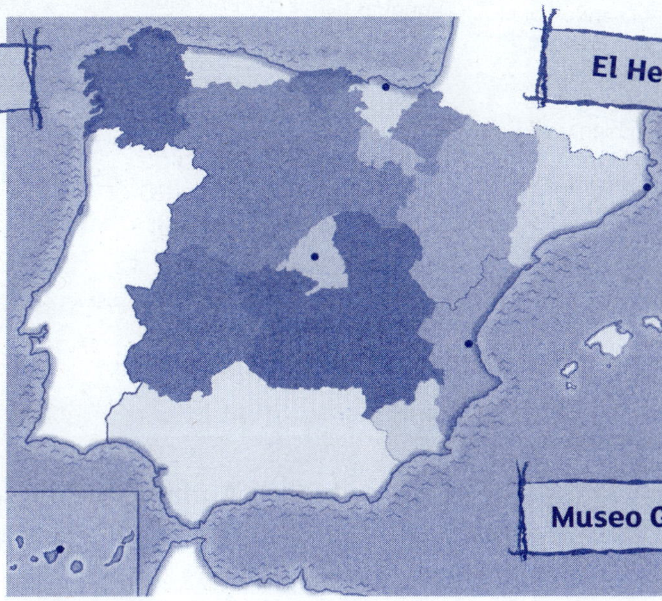

El Auditorium

Museo Guggenheim

2. Elige un lugar y precisa qué podrás hacer si vas ahí.

....

....

....

Autoevaluación

p. 114

A2

Je suis capable de…	😊	😐	😟
1. Comprendre une conversation sur les vacances. C2 **Comprendre les points essentiels d'un message oral.**			
2. Parler d'inventions. C2 **Demander et donner des informations.**			
3. Parler des moyens de transport. C2 **Décrire, raconter, expliquer.**			
4. Comprendre un texte sur la vie future. C2 **Savoir repérer des informations dans un texte.**			
5. Écrire sur un projet de vacances, de voyage, d'aventure. C2 **Écrire un message simple.**			

CD ÉLÈVE Piste 32 à 34

¡RADIO RAYUELA! la radio que te transporta

manuel p. 115-120

¡En vivo!

Animador: Hola, bienvenidos a nuestro programa "Viajando por el mundo hispánico". Son las once de la mañana, las diez en Canarias.

Animadora: Como puedes escuchar, hoy estamos en plena calle, en Sevilla, en la calle Pastor del céntrico barrio del Arenal, frente al mercado.

Animador: Nuestros cuatro amigos, Lola, Carmen, David y Mateo están terminando un recorrido por las antiguas tierras de al-Ándalus. ¿Pero qué estarán buscando en el mercado?

Escuchemos…

Taller de teatro:
Buscando huellas
(*manuel p. 118*).

♫ MUSIQUE ARABO-ANDALOUSE : héritière à la fois des musiques chrétiennes du Moyen-âge et des musiques berbères et arabes, elle a influencé la musique européenne et en particulier le flamenco.

❶ ¿Te acuerdas?

En que la herencia árabe está presente hoy en Andalucía. Precisa y justifica dando tres ejemplos

....

....

¡En vivo!

Animadora: Y ahora nuestra sección : Al doblar la página.

Lectura:
Leyenda del patio
de los Leones
(*manuel p. 119*).

Animador: Aquí se termina nuestra primera serie de viajes por el mundo hispánico.

Animadora: Esperamos que lo hayas disfrutado y que te estés preparando para nuevas aventuras y nuevos descubrimientos con

¡RADIO RAYUELA: la radio que te transporta!

♫ MUSIQUE FLAMENCO : musique traditionnelle des gitans d'Andalousie. On peut l'écouter et la voir danser dans les nombreux « tablaos ».

❷ ¿Qué cuenta?

Contesta con verdadero Ⓥ o falso Ⓕ y corrige si es necesario.

a. La princesa tenía un perro como única compañía.

V F ....

b. Su primo se enamoró de ella y el rey lo hizo prisionero.

V F ....

c. Zaira leyó en una carta que el rey no era su padre.

V F ....

d. Gracias a su collar, pudo vengarse *(se venger)*.

V F ....

e. El rey y sus hombres fueron transformados en gatos.

V F ....

Achevé d'imprimé en France par Normandie Roto Impression s.a.s., à Lonrai (Orne)
N° d'impression : 1401399 - Dépôt légal : 96829-7 / 01 - avril 2014